Nik & Jabba

— Ein Adventstagebuch —

Nik Hartmann

Nik & Jabba

— Ein Adventstagebuch —

FARO

© 2011 Faro im Fona Verlag AG, CH-5600 Lenzburg
www.fona.ch

Gestaltung und Konzept
FonaGrafik, Stefanie von Däniken

Bild Cover
Florian Kalotay, Zürich

Location Cover
www.derplatzhirsch.ch, Aarau

Bilder Jabba
Privatarchiv, Nik Hartmann

Rezept Hundeguetzli:
www.vetmeds-shop.ch

Druck
Kösel, Altusried-Krugzell

ISBN 978-3-03781-030-9

Inhalt

Vorwort		10
1. Dezember	Es war einmal …	14
2. Dezember	Toilettenzufall	18
3. Dezember	Ich gab ihr ein Körbchen	22
4. Dezember	Der Name ist Programm	26
5. Dezember	Zum Auswendiglernen	30
6. Dezember	Spitzbuben	34
7. Dezember	Der Unfall	38
8. Dezember	Die Notoperation	42
9. Dezember	Teures Blech	46
10. Dezember	Am Anfang war das Appenzellerland	50
11. Dezember	Hundeguetzli selber backen	54
12. Dezember	Trostloser Geburtstag	58
13. Dezember	Hund mit Bratensauce	62
14. Dezember	Brownies	66
15. Dezember	Schneeschuhtour	70
16. Dezember	Die Geschichte ohne Hund	74
17. Dezember	Der Schlüssel Teil 1	78
18. Dezember	Der Schlüssel Teil 2	82
19. Dezember	Jabba für alle – alle wie Jabba	86
20. Dezember	Ein Geschenk	90
21. Dezember	Frau Huber	94
22. Dezember	Totenbeinchen	98
23. Dezember	Jabba ist weg!	102
24. Dezember	Jabbas Letzte	106

Vorwort

Ein Adventskalender? Ein Buch?
Beides und noch viel mehr.
Ein Adventstagebuch für die Zeit des Wartens vor Weihnachten.

Man macht ja immer wieder denselben Fehler: Man stellt sich vor, wie besinnlich und gemütlich die Adventszeit sein wird, freut sich auf friedlich-entspannte Abende mit Punsch und glitzerndem Schnee draussen – und dann ist der Dezember da mit all seinen hektischen Aktivitäten, den Anlässen da und dort und den Wunschlisten, die einen manchmal wunschlos unglücklich machen können, weil es kaum mehr echte Wünsche gibt.

Nik Hartmann geht es kein Haar besser. Auch für ihn ist der Dezember alles andere als besinnlich. Mit 24 Ausnahmen: Dann, wenn er sich mit seinen Buben auf dem Sofa bequem einrichtet, Jabba etwas schläfrig zu seinen Füssen liegt und er zu erzählen beginnt. Eine Geschichte! Nik Hartmanns Buben kommen immer dann, wenn er nicht gerade in Afrika oder im Glasbunker auf dem Bundeshausplatz steckt, in den Genuss einer Adventsgeschichte.

In diesem Adventskalender-Buch erzählt er uns allen seine Geschichten. Dezembertag für Dezembertag. Es ist die berührende Geschichte von Jabba, dieser ausserordentlich charaktervollen und liebenswerten Hundedame, die heute in der Schweiz mindestens so berühmt ist wie damals Lassie. Manchmal gibt es auch etwas zu tun... Doch lassen Sie sich überraschen wie bei einem richtigen Adventskalender mit Türchen. Und lassen Sie sich Tag für Tag entführen in eine vorweihnächtliche Welt, in der niemand ein grosses Ereignis erwartet, weil das Wichtigste schon da ist: Wärme und herzliche Verbundenheit.

Danke, Nik und Jabba!

Es war einmal ...

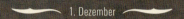
1. Dezember

Schon bald ist Weihnachten. Und wir stecken mitten in den Vorbereitungen. Die Bauern in unserer Gegend verkaufen bereits Christbäume. Ich gehöre zu der Sorte Baumkäufer, die die Tanne erst an Heiligabend kurz vor 16 Uhr besorgen. Am 24. Dezember feiern wir bei den Grosseltern A, am 25. Dezember sind wir en famille bei uns, am 26. Dezember mit Grosseltern B plus Geschwistern B plus deren Partnern und Partnerinnen plus Cousinen und Cousins plus Jabba. Auch bei uns. Wir haben genügend Platz.

Ich geniesse die Zeit. Der Kühlschrank ist stets gefüllt, eine Flasche Wein steht bereit, wer immer kommen mag über die Tage, darf dies, und ich stosse gerne auf alles an, was war und kommen mag. Es ist die Zeit, in der ich all meine Freundschaften pflege. Etwas, was unter dem Jahr häufig auf der Strecke bleibt. Zu oft bin ich unterwegs – mit oder ohne Jabba. Und wenn ich dann mal zu Hause bin, will ich für meine Familie da sein.

In den vergangenen Jahren war der Dezember prall voll mit Terminen und Engagements. Die Spendenaktion «Jeder Rappen zählt» des Schweizer Radios und Fernsehens beschäftigte mich Tag und Nacht. Umso mehr ziehe ich mich nach vollendeten Einsätzen gerne in meinen Mikrokosmos zurück. Und weil bald Weihnachten ist, mache ich da jetzt mal ein Türchen auf.

Es war an einem kalten Januarmorgen 1999. Damals, als Dieter Moor noch Witze in seiner Late-Night-Show im Schweizer Fernsehen zum Besten gab. Ein paar Monate später war er weg vom Bildschirm, und ich war noch gar nicht drauf. Die Welt war noch in Ordnung, man freute sich auf den täglichen Fortschritt, und das World Trade Center in New York stand da als Symbol. Der Euro war ein paar Tage alt, und wenn jemand nach Amerika in die Ferien verreiste, füllte er die Koffer mit Dingen, die es bei uns noch nicht zu kaufen gab. Das Wort «Globalisierung» kannten damals nur Menschen, die sich für wirtschaftliche Zusammenhänge interessierten. Mich kümmerten Ende des letzten Jahrtausends einzig und allein meine Dienstpläne beim Radio. Ich hatte mich wieder mal erfolglos bei DRS 3 als Moderator beworben und sass stattdessen bei Radio24 vor dem Mikrofon und ackerte wie blöd. Oft moderierten wir an sieben Tagen. Zwei Wochenende waren dienstfrei, an zwei Wochenden arbeiten war normal. Carla und ich waren ein Jahr zuvor zurück an den Zugersee gezogen. Sie hatte erfolgreich ihr Jurastudium abgeschlossen. Mich hingegen plagte immer mehr das Gefühl, nie etwas «Richtiges» gelernt zu haben. Die Autoprüfung mit 19 Jahren war bislang meine einzige abgeschlossene Ausbildung. Mein Jurastudium hatte ich nur begonnen, weil die alleinige bis dahin studierte Verwandte meine Gotte Sabine war. Und die war Juristin. So glaubte ich, wer studiert, studiert Rechtswissenschaften.

Der Entscheid in diesen Tagen – das Jahr ist noch frisch, man macht Pläne –, im Herbst wieder an die Uni zu gehen, machte mir Freude. Zudem machte ich Carla einen Heiratsantrag. Und schon hatte ich mir wieder einiges aufgehalst, und es sollte noch wilder werden.

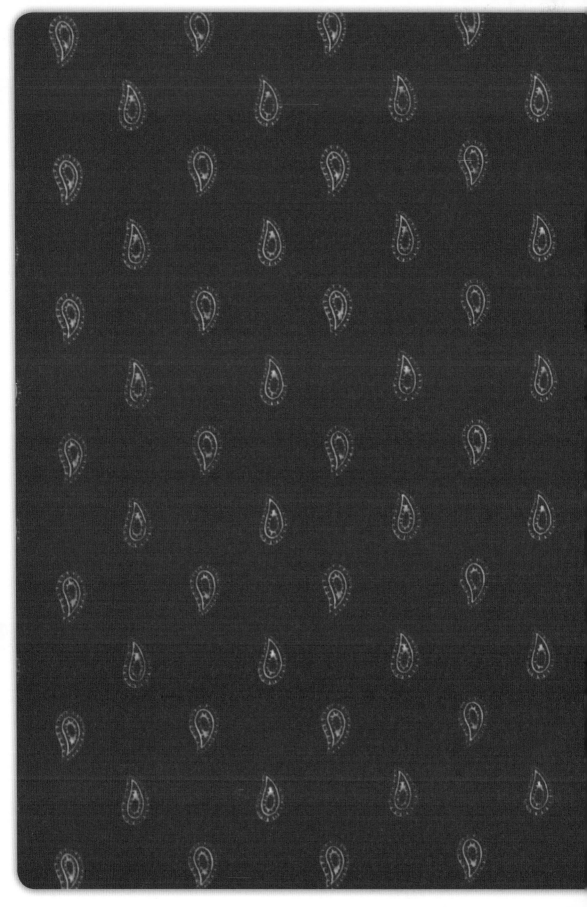

Toilettenzufall

2. Dezember

Ich wollte weiterkommen und tat, was man von mir verlangte. Ich war also 27 und hatte drei Jahre zuvor mein Studium abgebrochen, um beruflich in Zürich die Zelte aufzuschlagen. Ich war stark mit mir selber beschäftigt.
Von Kindern war noch nicht einmal ein Plan in der Küchenschublade. Doch wusste ich, dass, wenn es Kinder sein sollten, Carla ihre Mutter sein wird.

Meine zukünftige Frau und ich kümmerten uns an diesem kalten Januarmorgen zum x-ten Mal um die Gästeliste für unsere Hochzeit.
Was wir damals noch nicht wussten, war, dass exakt in diesen Tagen unser erstes Familienmitglied das Licht der Welt erblickte.
Auf einem Bauernhof in Allenwinden im Kanton Zug gebar mitten in der Nacht die sechsjährige Granada, eine zähe, wachsame Hündin, vier zuckersüsse Welpen. So stelle ich es mir vor. Keiner war dabei. Ich glaube aber zu wissen, dass der Bauer ein fürsorglicher Tierfreund war und für die Welpen nur Gutes wollte. Drei der kleinen Hunde fanden nach ausgestandener Schon- und Stillzeit bei Mutti im Stall ein Plätzchen bei Bekannten, die überzählige Vierte wurde im Tierheim platziert. Hier wurde sie von Tag zu Tag grösser. Die Pfotengrösse gilt bei Hunden als Referenz für die Körpergrösse des erwachsenen Tieres. Und die Pfoten der Kleinen waren gross. Bärenartig. Weiss oben, unten rosa, beinahe künstlich sahen sie aus.

Ein paar Monate später, der Hund hatte sich gross und stark gefressen, während Carla und ich uns in unsere Hochzeitskleider magerten, entdeckte ich eines Morgens auf der Toilette das Inserat eines Tierheimes im «Zuger Amtsblatt». Hier bot der Zuger Tierschutz herrenlose Haustiere feil. Und ich reagierte sofort auf die Annonce: «Zweijährige Dalmatinerhündin an gutes Plätzchen abzugeben», stand da. Genau das war es! So einen Hund wollte ich doch schon immer haben.
Es ist seltsam, wie schnell das Angebot ein Bedürfnis hervorrufen kann. Bis dato hatte ich noch nie darüber nachgedacht, ob ein Hund zu mir passte, geschweige denn ein Dalmatiner.
Und ebenso schnell, wie ich im Schuhgeschäft ein paar Schuhe kaufe, entschied ich mich für den Dalmatiner. Tja, liebe Tieranwälte, Ihr habt vollkommen recht,

solch unüberlegte Entscheide sind reiner Schwachsinn. Hier geht es um ein Lebewesen, das einen unter Umständen ein gutes Jahrzehnt begleiten wird, für das man sorgen und ein Bahnbillett lösen muss, das frisst und auch mal krank werden kann – oder gar angefahren. Dazu später mehr.

Mein Hundeentscheid war aber keineswegs unüberlegt. Denn ich wusste, dass Carla als exzellente Organisatorin unser neues Familienmitglied nicht im Stich lassen würde.

Also rief ich beim Tierheim an, um einen Besichtigungstermin zu vereinbaren.

Ich gab ihr ein Körbchen

3. Dezember

Ein Dalmatiner! Das Tierheim des Zuger Tierschutzes hatte einen inseriert. Ein Hund aus einer gescheiterten Beziehung oder einer Familie, deren Kinder enttäuscht waren, weil sie darauf nicht Pony reiten konnten. Oder vielleicht passten die schwarzen Punkte einfach nicht mehr zu den neuen Vorhängen der ursprünglichen Halter.

Ich rief also im Tierheim an. Eine freundliche Stimme machte mir sogleich klar, dass es den Dalmatiner nicht mehr gebe. Entweder war jemand noch schneller gewesen als ich oder der Dalmatiner hatte gar nie existiert und war ein Lockvogelangebot.

Ich solle aber doch trotzdem bei ihr im Tierheim vorbeikommen, sagte die nette Frau noch am Telefon, es würden noch viele treue Hunde auf einen neuen Besitzer warten, da wäre bestimmt einer darunter, der mir auch gefallen würde.

Ich stellte sie mir vor: Alles misshandelte, schwer erziehbare Mischlingsrüden, die zwar noch nie jemanden gebissen hatten, es aber jederzeit tun würden, 25 Stunden Aufmerksamkeit pro Tag brauchten und Kinder mochten, sofern sie nicht grösser als 40cm und blond waren und nach Kamille rochen. O nein. Ich wollte einfach einen Hund, kein sozialpädagogisches Trainingstier.

Ich fuhr trotzdem Richtung Neuheim zu den wartenden Hunden. Im Zoofachgeschäft auf dem Weg besorgte ich zuerst noch das volle Programm. Körbchen (so gross, dass zwei ausgewachsene Bernhardiner bequem drin Platz fänden), Leine, Halsband, Napf, Futter und Spielzeug zum Zerbeissen.

Ich war nun kurz davor, meine totale Unabhängigkeit gegen ein paar Kilo verspieltes Fell einzutauschen. Auch wenn ich noch nicht wusste, wer mit mir nach Hause fahren würde, stand der Entschluss fest: Ich werde Hundehalter.

Neuheim ist eine der sogenannten Zuger Berggemeinden. Ländlich. Da gibt es noch Bauernhäuser. Und hier, umgeben von saftigen Wiesen und Obstbäumen, stand das Tierheim.

Der Zwinger machte mir einen guten Eindruck. Gross, sauber war er, und es roch angenehm. Diesen Hunden geht es gut, dachte ich. Keine Spur von Mitleid beeinflusste meinen Entscheid, hier einen Hund zu holen. Es gibt ja Menschen, die bringen nebst einem Sonnenbrand auch gleich noch einen abgemagerten, herrenlosen Streuner vom spanischen Strand mit nach Hause. Diese Hunde hier aber waren alle gesund und das Glück strahlte ihnen aus den Augen.

Es waren gegen zehn Hunde, die mir auf der anderen Seite des Zwingergitters entgegenbellten. Da waren grosse, ausgewachsene Schäfer, undefinierbare Mischlinge, laute Kläffer, nervöse Schwanzwedler und mittendrin im Rudel ein kleiner, braun-weisser Wollknäuel. Beinahe unbemerkt hatte er sich in den Vordergrund gedrängt und sich mir zu Füssen auf den Rücken gelegt. «Nimm mich!», schien er mir sagen zu wollen. Nicht aufdringlich, nicht bettelnd, einfach mit gesundem Selbstvertrauen. Wie er so auf dem Rücken lag, der Hund, konnte man gut erkennen, dass «er» eine «Sie» war.
Wenige Minuten später lag die Kleine bereits im Körbchen im Kofferraum meines VWs. Und wir fuhren zusammen nach Hause.
Die Kleine hatte einen Namen. Der Bauer, bei dem sie vor drei Monaten zur Welt gekommen war, nannte sie... Ach, ich weiss es nicht mehr!
Carla rief ich von unterwegs an. Sie wusste bis zu diesem Moment nichts von meiner Aktion. Ich glaube mich zu erinnern, dass sie sich freute.
Da war kein Wimmern oder Jammern zu vernehmen von meiner Mitfahrerin. Es schien ihr zu gefallen bei mir.
Dies war der Beginn einer langjährigen Freundschaft.

Der Name ist Programm

4. Dezember

Der Parkettboden in unserer Wohnung war versiegelt. Einen geölten Parkett finde ich persönlich zwar schöner, doch saugt sich dieser voll mit den Ausscheidungen eines noch nicht stubenreinen Welpen. Und unser kleiner Mitbewohner hatte noch nicht gelernt, dass er sein kleines Geschäft draussen verrichten sollte.

Dies war nur eine von vielen anderen kleinen und grossen Herausforderungen, die auf uns als junge Hundeeltern zukamen.

Der Hund hatte als Erstes einen Namen verdient. Ich schlug Carla den Namen Jabba vor. Genau so geschrieben. Ich hatte zuvor wieder einmal die Science-Fiction-Trilogie «Star Wars» auf DVD angeschaut. Und das autoritäre Alien-Monster «Jabba» fand ich als Namensgeber unglaublich originell. Jabba klang gut in unseren Ohren. Kurz, prägnant – und ich kannte keinen anderen Hund mit diesem Namen. Carla mochte Science-Fiction-Filme noch nie. So kannte sie auch das Jabba-Original nicht. Vielleicht ein Fehler – hätte sie «Star Wars» gekannt, würde Jabba heute bestimmt nicht so heissen.

Später entdeckte Carla dann noch per Zufall im Gespräch mit einem ungarischen Bekannten, dass es in der ungarischen Geschichte einen König gegeben hatte, der ähnlich unserem Wilhelm Tell als Volksheld verehrt wird. Und dieser Mann hiess König Czaba. In den Ohren klingt Czaba genau gleich wie Jabba oder Tschaba.

Sie hatte jetzt also einen Namen und war unser erstes, uneheliches Kind. Alles, was Jabba von nun an lernte, machte uns stolz. Wir gingen mit ihr in die Welpenschule. Da waren all die Hündeler mit den Bauchtäschchen voller Leckerli, Allwetterjacke und gutem Schuhwerk. Ich war zwar in der Erziehung immer konsequent – nun gut, fast immer –, aber ich glaubte schon früh zu spüren, dass Jabba ein hochbegabter Hund ist. Zumindest begriff sie unglaublich schnell, dass es in der Küche ums Fressen geht, am Tisch Brosamen hinunterfallen können und man gekrault wird, wenn man sich auf den Rücken legt.

Wir wurden uns immer vertrauter. Erst viel später beim Wickeln der eigenen Kinder begriff ich, dass so etwas wie grenzenlose Liebe entstanden war. Beim Versäubern zu helfen, ekelte mich nämlich weder bei meinen Kindern noch bei Jabba. Jedoch bringe ich es bis heute noch nicht ohne Brechreiz fertig, das Geschäft von fremden Hunden mit dem Säckli aufzuheben. Bei fremden Kindern ist das ähnlich.

Sie haben sich bestimmt feierlichere Adventsgeschichten vorgestellt, nicht? Das wird schon noch. Keine Sorge. Wir haben ja erst Anfang Dezember. Noch 21 Tage bis Weihnachten!

Jabba hat übrigens noch nie etwas zu Weihnachten geschenkt bekommen. Sie wird an allen übrigen Tagen durch das Jahr verwöhnt.

Doch Mitte Juni, Jabba war gerade mal einen Monat bei uns, durfte sie mit uns den grossen Tag feiern.

Es war ein sonniger Freitagnachmittag in Zug. Unsere Freunde kamen in Scharen zu unserer Hochzeit. Eben erst hatten Carla und ich auf dem Standesamt «Ja» gesagt, und jetzt standen da ganz viele Menschen für uns Spalier.

Eine Freundin sollte an diesem Tag zum Hundi schauen. Eine erfahrene Hundehalterin und Tierfreundin. Das war uns ganz wichtig. Nur den besten Tiersittern vertrauten wir Jabba an. Es war ihre erste Nacht auswärts, die da kommen sollte. Die beiden schauten aber an diesem Nachmittag noch an unserer Hochzeit vorbei und wollten uns überraschen.

Ich habe eine eingebrannte Gefühlserinnerung an diesen Moment. Ich war unheimlich stolz auf unsere kleine Hündin, wie sie so brav in der Reihe sass. Geschmückt mit einer Schleife um den Hals. Und schon damals fanden sie alle unheimlich süss.

Zum Auswendiglernen

— 5. Dezember —

Weihnachtsgedichte und Gedichte, die dem Samichlaus vorgetragen werden, haben in unserer Familie eine lange Tradition. Oftmals waren unsere Vorträge Uraufführungen, denn meine Grossmutter mütterlicherseits war eine begnadete Dichterin. Ich habe es nun auch einmal versucht. Zum Auswendiglernen. Vielleicht schafft ihr's noch, bevor der Chlaus kommt.

Zmitzt im Wald, nid wiit vo da,
wohnt elei en alte Maa.
Es isch en Alte, das hani gseit
und früener het er d'Poscht vertreit.

Es sind jetzt scho s'paar Jöhrli här.
De Gedanke dra, dä trifft ne schwär,
dass i dem Dorf, woner het gwohnt,
d'Poscht zue ta het, s'het nümme glohnt.

Drum het er tänkt: «Ich lah alles si.»
Er isch sowieso no ledig gsi.
Het im Wald es Hüsli gno
und het susch alles grad lo schtoh.

Hüt het er mit siim Esel Res
um d'Wiehnachtszyt es Business.
Guet, er isch chli schlächt rasiert,
wills i dene Täg pressiert.

Er pfiift uf d'Post und s'Beamtetum.
Siini Idee isch öppe gar nid dumm.
Verteilt jetz gratis d'Post, der Bärtig,
luegt eifach druf, wer isch schön artig.

S'einzige Problem derbi,
er sött überall gliichziitig sii.
Er het en Stress und nid nur das,
gföhrdet isch d'Work-Live-Balance.

Liebe Chlaus, chum bliib chli sitze,
susch chunsch du ja ganz heftig z'schwitze.
Am gschiidschte lasch grad alles da,
de chasch zrugg i Wald, du arme Maa.

Spitzbuben

6. Dezember

Neunzehn Tage, und dann ist Weihnachten. Die besten Guetzli sind die, die man in der Adventszeit stibitzt. Ich mache gerne gleich die doppelte Menge Teig und friere die eine Hälfte ein. So habe ich in den letzten Tagen, dann, wenn ich noch den letzten Geschenken hinterherrenne, in null Komma nichts wieder frische Guetzli. Und die Sauerei in der Küche muss ich nur einmal aufräumen (Himmel, ich hasse teigverklebtes Geschirr!).

Rezept

250g weiche Butter
125g Zucker
1 Päckchen Vanillezucker
350g Weissmehl
Puderzucker
Johannisbeergelee

Die Butter luftig aufschlagen, Zucker und Vanillezucker unterrühren, weiterschlagen, bis sich der Zucker aufgelöst hat. Mehl löffelweise unterziehen, rasch zu einem Teig zusammenfügen. Butterteig zugedeckt 1 Stunde kühl stellen.
Den Teig 2 bis 3 mm dick ausrollen, mit einem Glas oder einem runden Ausstecher Rondellen ausstechen. Bei der Hälfte der Rondellen je nach Grösse die Mitte oder zwei Augen und einen Mund mit einem kleinen Stern- beziehungsweise runden Ausstecher ausstechen. Auf ein mit Backpapier belegtes Blech legen. Spitzbuben im vorgeheizten Ofen bei 200°C 10 bis 15 Minuten hellgelb backen.
Die ungelochte Hälfte der noch warmen Rondellen mit dem verflüssigten Gelee bestreichen, mit einer zweiten gelochten Rondelle zudecken. Die noch warmen Spitzbuben mit Puderzucker bestäuben.

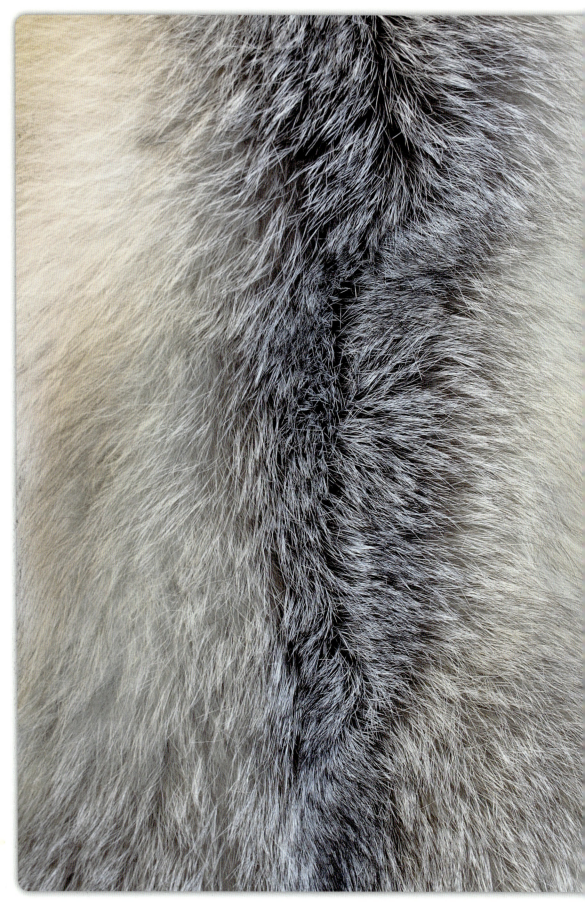

Der Unfall

7. Dezember

Das freut mich, dass der Samichlaus meine Leser nicht eingepackt hat. Und wir können da weiterfahren, wo wir vorvorgestern aufgehört haben.

Ihr wisst ja bereits, wie Jabba zu uns gekommen ist und wieso Jabba «Jabba» heisst. Heute beginne ich die Geschichte zu erzählen, wie Jabba zu ihrem künstlichen Hüftgelenk gekommen ist.

Es war an einem Mittwoch Anfang September 2001. Die Welt würde in ein paar Tagen aus den Fugen geraten. Doch dieser Nachmittag war sehr friedlich. Und Zug war in Festlaune. Der Stierenmarkt gehört zu Zug wie das Sechseläuten zu Zürich oder die Olma zu St. Gallen. Es ist ein grosses Volksfest. Viehhändler und Bauern aus der ganzen Schweiz treffen sich drei Tage lang auf dem Zuger Stierenmarktareal zum Deal. Da werden Stiere gehandelt und prämiert. Für das sonst so globalisierte Zug, wo normalerweise Kaffee, Eisen oder Diamanten die Hand wechseln, ist der Stierenmarkt mit seinen Tieren, Traktoren und der Ländlermusik ein wahrhafter Farbtupfer.

Jabba war jetzt gut zwei Jahre bei uns. Und ich war wieder einmal in einer Phase, wo ich regelmässig joggen ging. Es war ein warmer Herbsttag und meine Route führte mich durch die Landwirtschaftszone am Rand der Stadt, wo während des Stierenmarktes auch die Bauern ihre angerosteten japanischen Jeep-Kopien mit Viehanhänger parkierten.

Jabba und ich waren unterwegs auf unserer sportlichen Runde. Sie war zwar nie annähernd so schnell wie ein Windhund unterwegs, doch machte das Rennen mit Jabba in diesen Jahren noch richtig Spass. Ich hatte eine echte Laufbegleiterin. Heute – mit knapp vierzig bin ich ja im besten Marathonalter – hänge ich sie um hunderte Meter ab, weshalb ich sie auch nicht mehr zum Joggen mitnehme.

Wir waren am nördlichen Ende des provisorischen Parkplatzes auf einer Quartierstrasse unterwegs. Zehn Minuten zuvor waren wir zu Hause gestartet. Hier war einzig «Zubringerdienst» gestattet, es hatte kaum Verkehr. Doch der Weg war schon damals ein beliebter Schleichweg, um die stark befahrene Hauptstrasse zwischen Zug und Steinhausen zu umfahren.

Jabba trottete trotz guter Fitness ein paar Meter hinter mir her. Wir liefen am linken Strassenrand, so wie ich es als Kind gelernt hatte: «Links gehen, Gefahr sehen!». Ich glaube, sie hatte wieder einmal die Nase in ein Mäuseloch gesteckt. Das erklärte den Rückstand auf mich.

Das Auto näherte sich uns langsam von hinten. Ich erinnere mich, dass ich schnell begriffen hatte, dass uns der Fahrer des Geländewagens entdeckt haben musste. Im Schritttempo kam er auf uns zu. Ich hielt an, rief Jabba zu mir und wollte warten, bis sie bei mir war. Ich weiss heute noch nicht, warum, doch Jabba hielt plötzlich an und kam nicht bis zu mir. Der Fahrer im Geländewagen reagierte kaum und erwischte den Hund mit dem Vorderrad. Alles ging wahnsinnig schnell und gleichzeitig wollte die Zeit nicht vergehen. Ich rannte zum Auto. Jabba lag da, heulte. Es war wie ein Weinen. Ich kniete zu ihr herunter und sah, dass der linke Hinterlauf beinahe vom restlichen Körper abgetrennt war. Überall war Blut. Die Schmerzen mussten ganz schlimm gewesen sein. Da standen Menschen neben uns. Sie hatten die Autonummer des Geländewagens notiert. Der Fahrer fuhr nämlich davon, ohne dass ich es bemerkte.

Wir alarmierten die Polizei. Wenn Jabba hier nicht verbluten sollte, musste es schnell gehen. Das Mobiltelefon hatte glücklicherweise der Spaziergänger dabei, der mir die Autonummer in die Hand drückte.

Jabba lag da und winselte. Ich konnte nichts machen. Einfach bei ihr sein und sie beruhigen.

Die Notoperation

8. Dezember

Mit Blaulicht fuhren wir im Polizeikastenwagen durch den Feierabendstau nach Cham. Die Autos machten alle Platz und gingen zur Seite, in der Mitte bildete sich eine Gasse. Schneller als die Polizei erlaubt, waren wir unterwegs zum Tierarzt. Die Polizisten hatten die Lebensretter noch per Telefon alarmiert. Und während in Cham in der Tierarztpraxis alles für die Notoperation vorbereitet wurde, bangte ich im Polizeiauto um das Leben unserer erst zweijährigen Jabba.

Wir legten sie auf die rechte Seite. Das ausgerissene Bein schien abgesehen vom Oberschenkelknochen noch ganz zu sein. Auch sonst schien Jabba Glück gehabt zu haben.

Sie war brutal von hinten überfahren worden. Ihr Kopf schien unverletzt.

Sie atmete kurz, blieb aber stets wach. Ich glaube, ein Mensch in einer ähnlichen Situation wäre schon längst ohnmächtig geworden.

Wir fuhren mit hohem Tempo über alle Kreuzungen. Rotlichter liessen wir rot leuchtend hinter uns. Zehn Minuten dauerte die endlos scheinende Fahrt, und keine halbe Stunde nach dem Unfall fuhren wir beim Tierarzt vor.

Ich weiss nicht mehr, wie wir Jabba hinaufgetragen haben, denn die Praxis war im oberen Stock eines Mehrfamilienhauses. Auch alle anderen Erinnerungen sind nur noch bruchstückhaft vorhanden. Das hat die Natur so eingerichtet, dass schlechte Erinnerungen verdrängt werden.

Ich weiss aber noch ganz genau, wie Jabba da lag. Auf dem Examiniertisch aus Chromstahl. Um sie herum standen zwei Tierärzte, eine Assistentin und ich. In diesem Moment hatte ich auf einmal das Gefühl, dass Jabba überleben würde. Darum habe ich den Moment in meinen Erinnerungen gespeichert.

Jabba wurden Schmerzmittel gespritzt, die Wunde desinfiziert, das Fell grosszügig abrasiert. Dann wurde sie geröntgt. Und tatsächlich: Der Oberschenkel war aus der Hüftpfanne gerissen worden. Bänder und Muskulatur waren gerissen. Doch waren die Nerven und Blutbahnen ganz geblieben. Gott sei dank!

Ich half beim Operieren. Jabba wurde anästhesiert, es war sportliche Schwerstarbeit für uns vier Helfer, die Hüfte wieder einzukugeln. Die Operation verlief ohne Komplikationen. Ich war immer noch in meinen Joggingkleidern. Carla kam direkt von der Arbeit zum Tierarzt, um mich abzuholen. Ich war zwar um mein Training gekommen, dafür aber um eine grosse Erfahrung reicher.

Jabba wurde schnell gesund. Zwei Tage blieb sie noch in der Klinik, anschliessend hinkte sie auf den drei gesunden Beinen während ein paar Wochen zurück in ihr Hundeleben.

Am Ende blieb eine lange Narbe unter dem nachgewachsenen Fell.

Wir verbrachten eine stimmungsvolle Weihnachtszeit, einen wechselhaften Frühling mit langen Spaziergängen, heisse Sommertage, an denen Jabba kaum nach draussen kam, und wieder kühlere Herbsttage. Doch in diesem Herbst wollte Jabba einfach nicht richtig aufblühen, obwohl sie das immer dann getan hatte, wenn die Temperaturen langsam wieder unter 20 Grad sanken. Sie machte ein Jahr nach dem schweren Unfall einen müden Eindruck, obwohl sie immer noch ein junger Hund war. Waren es die Gene? Hatte sie so viel reinrassigen Berner Sennenhund in sich, dass sie bereits unter Arthrose litt? Entzündungen in den Gelenken? Wir waren beunruhigt und fuhren zum Arzt.

Jabba lag wieder auf dem Tisch aus Chromstahl und wieder wurde sie geröntgt. Der Befund war niederschmetternd. Wenn Jabba alt werden wollte, musste sie ganz dringend operiert werden.

Teures Blech

9. Dezember

Das ist ein Adventskalender. Jeden Tag eine Geschichte. Manche gehen gut aus, manche tun fast ein wenig weh. Und genau so wie die Weihnachtsgeschichte, die wir uns seit gut 2000 Jahren erzählen, handelt auch Jabbas Geschichte von grossen Schicksalsschlägen und erlösenden Momenten. Ich sage dies nur, um euch zu trösten, weil Jabba in manchen Kapiteln leiden musste. Aber es wird alles gut. Und dies schon bald.

Wir waren also wieder beim Arzt, und der stellte fest, dass sich das havarierte Hüftgelenk nach der Notoperation und der anfänglichen Genesung wieder aus der Hüftpfanne gelöst haben musste. Der Hüftknochen hat am einen Ende eine Kugel, die exakt in die Pfanne am Becken passt. Dort drin kann sie sich frei bewegen. Bänder fixieren das Ganze. Nun mussten die Bänder also beim Unfall derart stark gedehnt worden sein, dass sie das Bein nicht mehr zu fixieren vermochten.

Statt in der Pfanne rieb der Oberschenkelknochen nun ein paar Zentimeter daneben auf dem nackten Knochen. Dies muss höllische Schmerzen verursacht haben. Und wahrscheinlich schon seit etlichen Wochen, denn an der «neuen» Stelle hatte sich durch die Reibung bereits eine Vertiefung gebildet. Armer Hund! Nun standen wir vor der Entscheidung, Jabba in einer weiteren Operation ein künstliches Hüftgelenk einzusetzen oder sie zu verlieren.

Die Entscheidungsfindung lasse ich in dieser Erzählung aus. Es gab sie nämlich nicht. Für uns war sofort klar, dass wir Jabba operieren lassen.

Der Spezialist hatte die Praxis im Kanton Luzern. Einmal die Woche «montierte» er am Zürcher Tierspital Hunden künstliche Hüftgelenke. Die Abklärungen waren alle positiv. Jabba war fit genug für die Operation und die Chancen standen gut, dass sie mit einem künstlichen Hüftgelenk in Zukunft wieder ganz normal gehen konnte.

4500 Franken kostete der Eingriff inklusive Material. Der Spezialist, vermutlich war es ein Tierorthopäde, zeigte mir den künstlichen Knochen. Bester Medizinalstahl. Das Gegenstück, die Pfanne, war aus Kunststoff, der sich anfühlte wie ein Schneidebrett in der Küche, das den Zwiebelgeruch nicht annimmt.

Am Vorabend der Operation durfte Jabba beim Tierarzt übernachten. Er fuhr dann mit ihr am Morgen nach Zürich ins Tierspital. Wir fuhren nicht mit und warteten zu Hause auf den Bescheid nach der Operation.

Alles war gut gegangen. Nun war Jabba wieder ganz. Es vergingen wieder ein paar Wochen auf drei Beinen, doch schon bald rannte sie wie früher über Weiden und Wiesen, war bei jedem Guetzlisackraschlen schneller zur Stelle als ihr Schatten und jagte Mäuse. Ja, ein Hund jagte Nager. Ich dachte auch, das sei was für Katzen, weshalb wir Jabba noch tierpsychologisch abklären liessen und eine Umwandlungsoperation vom Hund zur Katze in Betracht zogen.

Stimmt nicht. Das gibt es gar nicht.

Doch es ist wahr, dass der Bauer, der Jabba damals beim Joggen von hinten überfahren hatte, die Rechnung fürs künstliche Hüftgelenk bezahlen musste, was er gar nicht verstand. Tiere waren in den Augen dieses Viehhändlers eine handelbare Ware. Und wenn ein Stück fehlerhaft war, sortierte man es aus. Das wollte er auch mit der damals defekten Jabba tun. Entsorgen. Tiere waren zu dieser Zeit noch eine «Sache». Dies hatte aber in unserem Fall den Vorteil, dass Jabbas Unfall ein «Sachschaden» war und der Bauer die 4500 Franken über seine Haftpflichtversicherung abrechnen konnte.

Aber die «Investition» hat sich gelohnt. Ich habe mich oft gefragt, ob der Unfallfahrer jemals realisiert hat, dass er den späteren «Über Stock und Stein»-Star angefahren hatte.

Am Anfang war das Appenzellerland

— 10. Dezember —

Es gibt unzählige Geschichten, die ich über Jabba erzählen kann. Und ich mag diese Tage vor Weihnachten, um alles einmal zu Papier zu bringen.

Habe ich schon mal erzählt, wie Jabba zum Fernsehen gekommen ist?

Ich erinnere mich noch gut an den Tag, als ich im Hochhaus des Schweizer Fernsehens im Büro meines damaligen Chefs sass. Wir hatten eben mit «SF bi de Lüt» eine neue Sparte Sendungen kreiert. Wir waren mit einer zwölfteiligen Staffel zu «Übergewichtige Menschen mit Diätwillen» gestartet, hatten eine Heimatort-Spielshow kreiert und waren mit kochenden Landfrauen unterwegs gewesen. Nun war es Zeit für eine Reisesendung. «SF bi de Lüt» sollte ab sofort die Redaktion der während Jahren erfolgreichen Sendung «Fensterplatz» übernehmen, die ich auch moderiert hatte.

Wir wollten wandern. Unser Land auf dem langsamsten Weg entdecken. Und so war irgendwann «Über Stock und Stein» geboren. Zumindest auf dem Papier. Wir sollten von A nach Z wandern. Zum Beispiel von Arbon am Bodensee bis nach Zermatt, umrahmt von den mächtigsten Bergen unseres Landes.

Die Idee gefiel mir sehr, und da die Sendetermine bereits feststanden – es sollte Mitte April auf SF1 losgehen –, war die Berechnung der Drehtage auch schnell gemacht.

Zwölf Sendungen. Pro Sendung benötigten wir vier Wandertage, anschliessend ging das Rohmaterial für zwei Wochen in den Schnitt. So war klar, dass es im März losgehen musste. In einer Zeit, in der der Frühling den Winterdreck noch nicht weggeputzt hat, die Bäume noch kahl sind und noch lange nichts blüht.

Mit dieser Idee und dem Plan einer neuen Wandersendung konfrontierte ich zu Hause den Familienrat. Die Produktion einer solchen Staffel bedeutete, dass ich drei Monate lang unter der Woche von zu Hause weg sein würde. Carla spürte, dass ich das Angebot des Fernsehens gerne annehmen würde. Ich war schon immer gerne in den Bergen. Die Outdoorläden wirkten auf mich ähnlich wie auf Frauen ein Schuhgschäft: Sie zogen mich magisch an.

Carla wollte meinem Vorhaben unter einer Bedingung zustimmen: «Nimm den Hund mit», verlangte sie. Ein schwerwiegender Befehl, wie sich später herausstellen würde. Naja, wenn ich schon so häufig weg sein würde, wollte sie nicht auch noch täglich mehrmals mit Jabba Gassi gehen.

Die Redaktion war begeistert, obwohl noch niemand den Hund gesehen hatte. Es war das kürzeste Casting in der Fernsehgeschichte. Die Vertragsverhandlungen waren auch schnell gemacht. Jabba verlangte einfach nur, jeweils bei mir im Hotelzimmer übernachten zu dürfen.

Wir hatten keine grosse Ahnung bezüglich Wirkung: Mann und Hund wandern 45 Minuten lang am Bildschirm. Darum trafen wir uns an einem sonnigen Wintertag im Februar auf dem Kronberg bei Appenzell. Mit dabei waren der damalige Produzent Tom, Sabine als Redaktorin und Martin als Entwickler von neuen Sendungen. Und selbstverständlich Aurelio als Kameramann und Fredy für den guten Ton.

Wir filmten das Gehen. Wir filmten im Gehen. Wir sassen in einer Beiz, trafen den Kabarettisten Simon Enzler, der sich freundlicherweise für die Testsendung zur Verfügung gestellt hatte, filmten die Landschaft und sprachen spontan mit Einheimischen.

Das Endresultat waren 20 Minuten Film, die uns und den Verantwortlichen beim Fernsehen gefielen. Es war die Geburtsstunde von Jabba als Fernsehstar. Was einfach so per Zufall entstanden war. Nur weil Carla das Gefühl hatte, wenn ich schon während drei Monaten Bubenferien machen dürfe, solle ich wenigstens den Hund mitnehmen.

Und Jabba und ich haben dann während vier Staffeln und über vierzig Sendungen gut zueinander geschaut.

Morgen backen wir übrigens Hundeguetzli. Schlaft gut.

Hundeguetzli selber backen

11. Dezember

Rezept

200 g Haferflocken
155 g Thunfisch aus der Dose
1 Espressotasse Wasser
40 g Rüebli, fein gehackt oder auf der Bircherraffel gerieben
1 EL fein gehackte glattblättrige Petersilie
1 EL Leinsamenöl
2 EL Joghurt

1. Haferflocken, Thunfisch und Wasser gut mischen. Rüebli, Leinsamenöl und Joghurt unterrühren. Kneten, bis die Masse gut durchmischt ist.
2. Guetzliteig auf Backpapier etwa 8 mm hoch auswallen (am besten geht das, wenn man ein zweites Papier darauflegt) und in kleine Würfel schneiden oder mit kleinen Ausstechformen Sterne, Tännchen, Knochen, Mäuse usw. ausstechen.
3. Ofen auf 170 °C vorheizen.
4. Guetzli 55 Minuten backen.
5. Guetzli auf einem Gitter auskühlen lassen. In einer Blechdose aufbewahren.

Nicht zu grosse Mengen backen – die Guetzli enthalten keine Konservierungsstoffe und können nicht allzu lange gelagert werden.

Diese Guetzli sind auf alle Fälle besser für den Hund als das, was Jabba in der folgenden Geschichte fressen wird. Sie enthalten viel Omega-3-Fettsäuren – diese sorgen dafür, dass die Haare nicht ausfallen und das Fell schön seidig bleibt. Dazu heilen Wunden schneller und ohne schmerzhafte Infektionen. Ja, und die Guetzli sind voller Provitamin A und Vitamin C, dank Rüebli und Petersilie. Das ist sicher ein guter Zuschuss zu all den Weihnachtsguetzli, die Jabba während der Adventszeit angeboten bekommt.

Übrigens: Falls Ihr Hund eine Katze ist, wird sie diese Guetzli ebenfalls mögen. Und falls Sie weder Hund noch Katze haben, können Sie nach diesem Rezept für sich selbst pikante Guetzli backen – einfach den Teig mit Salz, Pfeffer und Paprika würzen und nach Belieben mit Kapern spicken.

Trostloser Geburtstag

— 12. Dezember —

Heute ist wieder einmal Zeit für eine köstliche Jabba-Geschichte.
Damals im Frühling 2008 lag noch lange viel Schnee. Es herrschten bis weit in den Frühling hinein ideale Tourenbedingungen. Doch gerade in der Woche, als wir geplant hatten, den Aletschgletscher zu überqueren, spielte das Wetter nicht mit. Es regnete bis hoch hinauf, Nebel hing tagelang über den Gipfeln des Berner Oberlandes und die Lage war einfach zu heikel, via Konkordiahütte vom Jungfraujoch her das Wallis zu erreichen.
Ich habe die Geschichte schon einmal aufgeschrieben. Im ersten Buch meiner Wanderbücher «Über Stock und Stein». Doch passt sie als Aufheiterung auch in diesen Adventskalender.
Nun gut. Ich war schon am Sonntagabend mit Jabba unterwegs nach Grindelwald. Wir mussten früh am Nachmittag zu Hause weg. Es fiel mir an jenem Tag besonders schwer. Es war der 1. Juni und ich feierte meinen 36. Geburtstag. Die Zugfahrt dauerte ewig. Von Luzern über den Brünig nach Brienz. Dann nach Interlaken. Von dort weiter nach Grindelwald. Am Bahnhof angekommen, musste ich mit dem ganzen Gepäck – ich hatte einen Rollkoffer (den gab es bei Coop für das Punktesammeln), einen Rucksack, Laptoptasche und den Hund an der Leine – auf die Jungfraubahn umsteigen. Es war der letzte Zug, der noch zur Kleinen Scheidegg hinaufging.
Und auf der Kleinen Scheidegg waren wir dann noch zu viert, die wir die Bahn hinauf zur Station Eigergletscher nahmen. Und von den vieren waren Jabba und ich die einzig zahlenden Passagiere. Da waren noch der Lokführer mit an Bord und die Zugbegleiterin. Wir verliessen alle beim Eigergletscher die Bahn und bezogen unser Logis in der Pension auf gut 2300 m ü.M.
Meine Equipe war schon am Vortag angereist und auf dem Junfraujoch stationiert. Die Kollegen hatten ein Porträt über ein Ehepaar gedreht, das jahraus, jahrein dort oben lebt und arbeitet. Sie wollten am nächsten Morgen mit der ersten Bahn vom Joch zu uns zum Eigergletscher hinunterfahren.
Jabba und ich waren also allein mit der Zugbegleiterin und dem Lokführer in dem grossen Haus. Die Pension Eigergletscher wurde um die vorletzte Jahrhundertwende von Adolf Guyer-Zeller gebaut. Als Bürogebäude für sein grosses Vorhaben, den Bau der Jungfraubahn.

Gut hundert Jahre später sassen wir zu dritt im Speisesaal. Im Fernseher lief das Sportpanorama. Wie immer am Sonntag. Der Koch hatte uns etwas bereitgestellt, das der Lokführer im Steamer nur aufzuwärmen brauchte.
Wir assen und schwiegen. Schwiegen und assen. Und ich wollte doch einfach ein wenig Spass haben an meinem Geburtstag. Auch wenn es nur ein Bierchen mit einem fremden Bahnmitarbeiter gewesen wäre. Doch der Kartoffelstock auf dem Teller und Hüppi am Bildschirm behielten die Oberhand.
«Es ist ein spezieller Sonntag», wagte ich zu sagen. «Heute ist der 1. Juni», fuhr ich fort. Doch nichts geschah. Meine Worte verhallten in den grossen, kalten Räumen. Und ich wollte doch einfach ein wenig meinen Geburtstag feiern. Draussen hingen die Wolken tief. Wie nasse Leintücher hüllten sie die Berge um uns herum ein. Die Wetterprognose hatte recht. Wenn wir morgen über den Aletschgletscher gehen wollten, müsste am Himmel noch ein Wunder geschehen.
Meinen Kartoffelstock hatte ich aufgegessen, wollte eben draussen mit Jabba noch eine Runde drehen, als sie neben mir am Tisch auftauchte. Sie musste kurz weg gewesen sein. Ich hatte es gar nicht bemerkt, doch wunderte ich mich, dass sie sich irgendwie beschämt die Lippen leckte. Hatte Jabba etwas gefressen?

Hund mit Bratensauce

13. Dezember

Jabba sass neben mir und zog die Lefzen hoch. Das tat sie immer, wenn sie Durst hatte. Eigenartig, dachte ich.

Wir machten uns auf den Weg in den oberen Stock in unser Zimmer.

Draussen erledigte Jabba noch kurz das kleine Geschäft. Und ich hatte mich entschieden, auf dem Balkon mit einem Glas Wein den Nebel und meinen Feiertag schönzutrinken.

Da rülpste Jabba zum ersten Mal. Das war ein eigenartiges Geräusch. Eine Mischung aus Rumoren im Gebälk und Töten eines Alien. Eine Welle ging durch Jabbas Körper, von der Schwanzspitze bis zum Kopf. Jabba war es offensichtlich übel. Kotzübel.

Ich realisierte es sofort und konnte den sich windenden Hundekörper noch rechtzeitig am Halsband auf den Balkon führen.

Dort lag wenig später ein grosser Haufen. Teile davon tropften durch den Holzrost auf die darunterliegende Terrasse.

Und es war noch nicht ausgestanden. Die nächste Flut bahnte sich an. Wir rannten miteinander die Treppe hinunter, durch den Windfang und die grosse, schwere Tür hinaus ins Freie.

Es kamen einige Haufen dazu und ich fragte mich sogleich, was Jabba wohl gefressen haben konnte. Sie war ja immer bei mir gewesen. Fast immer.

Mit den Hilfsmitteln in einem durchschnittlichen Pensionszimmer reinigte ich den Balkon. Mit Zahnglas und Frotteewäsche kniete ich in der nebligen Nacht, um die Planken zu schrubben. Dabei fiel mir auf, dass ich den Geruch des Weggeputzen kannte. Es war ein vertrauter Geruch. Nichts Ekliges im Bouquet. Auch die Konsistenz kannte ich aus der Küche. Die Haufen sahen aus und rochen nach diesen kleinen Instantwürfeln, die mit Wasser verrührt und aufgekocht zu Bratensauce werden. Jabba musste irgendwo im Haus Bratensaucenkonzentrat gefunden haben.

Ich ahnte Böses und schlich mich in den unteren Stock, am Fernseher und den beiden Bahnangestellten vorbei in die Küche.

Der Beweis war schnell gefunden. Auf dem Fussboden unter der Chromstahlabdeckung stand ein Kübel mit Bratensaucenkonzentrat. Der Deckel war weg, der Kübel beinahe leer. Ich verzichtete auf eine detailliertere Spurensuche.

Jabba hatte ein Kilo Bratensaucenkonzentrat gefressen. Fettig, salzig und sowohl für Menschen als auch für Hunde in dieser Menge giftig. Ich hatte mal gelesen, dass ein Esslöffel Kochsalz reicht, um einen Menschen zu töten.
Jabba wollte zwar noch nicht gleich von dieser Welt abtreten, doch soff sie jetzt wie ein Loch.
Ich füllte ihren Wassernapf bestimmt dreimal. Irgendwann sind wir dann eingeschlafen.
Jabba auf dem Fussboden vor und ich auf der Matratze im Bett.
Das Glas Wein blieb ein frommer Wunsch und ich feierte dann ein Jahr später doppelt Geburtstag.
Jabba hat seit diesem Vorkommen ihre Gier nach endlosem Fressen ein wenig abgelegt und zieht nun auch mal ein Stück Sellerie einem Knochen vor.
Komischer Hund, nicht? Gut, das mit dem Sellerie stimmt auch nicht. Klang aber noch gut für einen Schluss.
Vielleicht ist diese Version glaubwürdiger:
Jabba hat aus dem Bratensaucenerlebnis nichts gelernt und zieht noch immer jeden Knochen einem Stück Sellerie vor.
Das ist gut so.

Brownies

— 14. Dezember —

Baumnüsse gehören in Brownies. Ich mag sie aber nicht besonders und darum lasse ich sie auch häufig weg. Zudem schneide ich meine Brownies immer ein wenig kleiner als vorgegeben. Oft entspricht ein Brownie in seiner Originaldimension dem Nährwert eines währschaften Menüs. Und das ist mir zu viel. Umso mehr erstaunt es mich immer wieder, wie sich hier zu Lande mehrheitlich Frauen in amerikanischen Kaffeehausketten zu einer Kanne Latte macchiato (in diesen Tagen mit Zimt, Ingwer und Kardamom) auch noch solch grosse Schnitten Süsses gönnen. Brownies gehören zu meinen Favoriten in der Guetzlibüchse.

Rezept

170g Zartbitter-Schokolade
130g zimmerwarme Butter
150g Rohrohrzucker
2 Eier
110g Weissmehl
½ TL Backpulver
150g Baumnüsse, grob gehackt
die Menge reicht für ein hohes Backblech von 20cm x 30cm

1 Zartbitter-Schokolade in grobe Stücke brechen, in einem Schüsselchen über dem heissen Wasserbad schmelzen.
2 Den Backofen auf 175°C vorheizen. Den Boden und den Rand der Backform mit Backpapier auskleiden.
3 Die Butter mit dem Rohrohrzucker zu einer luftigen Masse aufschlagen, die Eier nacheinander zufügen und kurz weiterschlagen. Die flüssige Schokolade unterrühren. Das Mehl mit dem Backpulver mischen und unterrühren. 100g Baumnüsse unterrühren. Den Teig in der Backform ausstreichen, die restlichen Nüsse darüberstreuen.
4 Das Backblech in der Mitte in den Ofen schieben, die Brownies bei 175°C 15 bis 20 Minuten backen. Auskühlen lassen, in 5cm grosse Würfel schneiden.

Tipp: Anstelle der Baumnüsse Pecannüsse verwenden

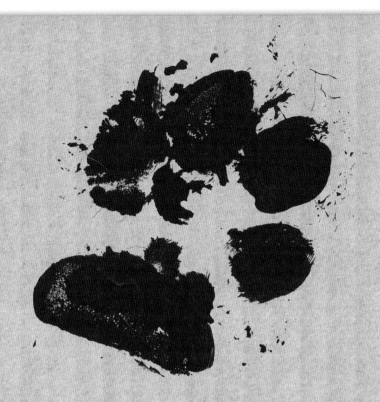

Schneeschuhtour

— 15. Dezember —

Ich glaube, auf dem Hinterfallenchopf sind wir gar nie eingetroffen. Gedacht war er als erstes grosses Zwischenziel unserer allereresten Schweizquerung vor drei Jahren. Es war in der dritten Etappe vom Säntis bis nach Wattwil im Toggenburg. Das liegt in der Ostschweiz, im Kanton St. Gallen.

Damals waren Jabba und ich erst seit drei Wochen unterwegs, und noch keine Sendung war ausgestrahlt worden.

Für alle war es die erste richtige Herausforderung. Wir starteten mit sechs Stunden Verspätung, weil wir nicht vom Säntis hinuntergekommen waren. Auf dem Berg hatte ein stürmischer Wind geweht und so war auch keine Bahn gefahren. Erst gegen Mittag waren wir auf der Schwägalp unten eingetroffen. So heisst die Höhe des Passes, der die beiden Kantone St. Gallen und Appenzell verbindet, und hier steht auch die Talstation der Säntisbahn.

Von hier wollten wir über eben diesen Hinterfallenchopf bis ins Ennetbühl wandern. Und dies mit Schneeschuhen.

Es war eine Première. Noch nie zuvor war ich mit Schneeschuhen gelaufen.

Wir waren Anfang April unterwegs, und es lag noch sehr viel Schnee. Für uns Menschen war das Vorwärtskommen ein Leichtes, doch hatte niemand an Jabba gedacht. Schneeschuhe für Hunde hatten wir keine dabei und sie war es gewohnt, neben mir auf gleicher Höhe zu gehen. Jabba in die festgetrampelte Spur hinter uns zu bringen, die ihr das Gehen erleichtert hätte, gelang uns nicht.

Immer wieder versank sie bis zum Bauch im tiefen Schnee. «Wenn das so weiter geht», dachte ich, «müssen wir umkehren.»

Nach wenigen hundert Metern lichtete sich der Wald, die Sonne hatte schon viel Schnee weggeschmolzen – und Jabba war zurück in alter Frische.

Doch schon bald traten neue Probleme auf.

Von einer Sekunde auf die andere versagte der Apparat des Tontechnikers. Und nachdem jeder unserer Equipe einen fachmännischen Blick auf den Schaden geworfen hatte, ohne im Geringsten etwas vom Gerät zu verstehen, und wir realisieren mussten, dass es nicht an einer möglicherweise leeren Batterie liegen konnte, entschlossen wir uns, die Reise vorzeitig abzubrechen.

Mit sechs Stunden Verspätung – dank dem Sturm auf dem Säntis –, einer beinahe versunkenen Jabba und streikenden Elektronen landeten wir am späten Nachmittag im Ennetbühl.
Irgendwann fahre ich noch einmal hoch zur Schwägalp. Ich möchte die Tour nämlich noch einmal machen. Aber dann richtig.

Die Geschichte ohne Hund

16. Dezember

Ich kann mich an eine wunderbare Liebesgeschichte erinnern. Ist es nicht die Zeit dafür? Jetzt, während der Adventszeit? Dazu muss ich sagen, dass mir die Tränen heute vor Rührung wesentlich schneller in die Augen schiessen als noch während meiner Sturm-und-Drang-Jahre.

Ich glaube, dass ich mit jeder weiteren Vaterschaft näher ans Wasser gerückt bin. Wenn ich Kinder singen höre, weint es von allein. Das habe ich von einem nahen Verwandten geerbt. Der hatte immer schon Tränen in den Augen, wenn ein Schweizer im Starthäuschen eines Skiweltcuprennens die Stöcke zum Start einschlug.

Die Geschichte ereignete sich während der Spendenwoche «Jeder Rappen zählt». Da moderierte ich. Eine grosse Sache. Live im Fernsehen und im Radio. Eine ganze Woche lang, zu dritt, 24 Stunden am Tag.

Es geschah in der Nacht, so gegen zwei Uhr. Es war ruhig geworden auf dem sonst mit Menschen gefüllten Platz vor unserem Studiocontainer aus Glas. Der Schnee brachte zusätzlich Ruhe. Ein feiner Schaum legte sich auf den Bundesplatz. Die Spuren der wenigen Nachtschwärmer, die noch vorbeischauten, wurden bald wieder zugedeckt.

Eine Polizeistreife hatte mich eben besucht und ein paar Franken durch den Schlitz gespendet.

Es war ein strenger Tag gewesen für uns drei im gläsernen Studio. Es hatte sich schon früh am Morgen eine grosse Menschenschlange gebildet. Jeder wollte solidarisch sein mit den Kindern im Krieg. Für sie war die Aktion bestimmt.

Bis weit in die kalte Nacht hinein kamen immer wieder Menschen vorbei.

Man war nie ganz allein während der Nacht.

Jetzt war da wieder jemand. Er kam mit dem Velo über den Platz. Er wünschte sich einen Song. Michael Jackson sollte es sein. Den Weltverbesserer-Song «Heal the World». Seine Stimme war ganz weich und nett. Er verriet mir, dass er auf dem Weg von der Arbeit nach Hause bei uns vorbeigekommen sei. Jonas hiess er, und er war Pflegefachmann in einem grossen Berner Spital, der «Insel».

Jonas' Kopf bedeckte eine selbst gestrickte Mütze. Er schien innerlich warm zu haben. Wir verabschiedeten uns voneinander und ich spielte seinen Song.

Jonas blieb auf dem Platz und begann unvermittelt zu tanzen. Schwerelos wie ein Engel zeichnete er mit seinen Turnschuhen weiche Spuren auf den verschneiten Bundesplatz. Die Musik schien direkt durch seinen Körper zu fliessen. Wenn ich tanze, überlege ich immer viel zu viel. Ob das wohl gut aussieht, denke ich. Oder suche verzweifelt nach Menschen auf der Tanzfläche, die meinen Tanzstil belächeln.

Jonas war anders. Der tanzte einfach und strahlte durch die kalte Winternacht über die Fernsehbildschirme in die Wohnzimmer und auf die Computerbildschirme einsamer Herzen. Und diese freudige Melancholie schlug sich in der Anzahl Anrufe nieder, die unser Studio mitten in der Nacht erreichte. Alle wollten wissen, wer dieser Jonas sei.

Und so nahm ich ihn noch einmal zu mir auf den Sender und verband ihn direkt mit einer Hörerin, die sich auf der Stelle in Jonas verliebt hatte. Zwei Menschen trafen sich zum ersten Mal. Dies mitten in der Nacht und nur am Telefon – und die ganze Schweiz hörte mit.

Jonas und sie, deren Name ich nicht mehr weiss, haben sich dann auch tatsächlich noch getroffen einen Tag später. Sie zogen zusammen durch die Gassen Berns, tranken zusammen einen Glühwein und erzählten sich gegenseitig von ihren jungen Leben.

Was aus den beiden geworden ist, habe ich nie erfahren. Doch klebte er mit dem Song «Heal the World» ein kleines Heftpflaster auf unseren verletzten Planeten. Für ein paar Minuten war alles gut.

Das hat Jonas geschafft.

So. Und jetzt ab in die Federn oder ran an die Arbeit. Morgen ist wieder ein Tag. Und ich habe noch ein paar Geschichten auf Lager.

Der Schlüssel

— 17. Dezember —

Teil 1

Es schneite schon seit fünf Uhr zweiunddreissig. Ich wusste das auf die Minute genau, weil Jabba und ich genau um fünf Uhr dreissig von der Hütte weggegangen waren. Den Höhenmesser hatte ich zwei Minuten später noch auf 2436 Meter über Meer geeicht, und im selben Moment fielen die ersten Flocken vom Himmel.

Es war Mitte Dezember, und ich war gestern mit den Skiern zur Hütte hinaufgestiegen, um einem guten Freund einen Gefallen zu tun.

Gian, so hiess er, hatte sich in der Woche zuvor beim Skifahren das Schlüsselbein gebrochen und lag jetzt in Samedan im Spital. Vor dem Unfall war er noch in der Hütte gewesen und hatte alle seine persönlichen Sachen zurückgelassen. Auch die kleine Schachtel. Er sagte mir, der Inhalt habe mit etwas ganz Wichtigem zu tun und er brauche sie dringend am nächsten Morgen; ob ich nicht zur Hütte hochsteigen und für ihn die kleine Schachtel holen könnte.

Die Schachtel lag nun in meinem Rucksack. Was drin war, wusste ich nicht. Gian hatte mich gebeten, sie nicht zu öffnen.

Es war kalt. Minus 15 Grad Celsius, und es ging ein eisiger Wind. Jabba legte ihre Ohren an und trottete in meinen Spuren hinter mir her. Die Spuren von gestern waren auf einmal verschwunden. Lange noch hatte ich ihnen folgen können, doch jetzt war da nichts mehr, woran ich mich orientieren konnte. Die Sonne war noch weit davon entfernt, mir Licht zu geben.

Ich vertraute auf Jabbas Nase und meine Stirnlampe.

Das Schneetreiben wurde immer stärker, der Wind peitschte mir die Schneeflocken ins Gesicht. Sie fühlten sich an, als ob mir eine dieser esoterischen Massagebürsten aus Chromstahl, mit denen sich Hobbyfakire nach dem Beckenbodenaquarellieren gerne den Rücken massieren, ins Gesicht gedrückt würde. Ich mochte es nicht sonderlich.

Das Lawinensuchgerät hatte ich umgeschnallt und eingeschaltet. Es hatte beim Aufstieg gestern den einen oder anderen Steilhang gegeben, den ich nun auch bei der Talfahrt queren musste.

Jabba mag den Schnee. Immer wenn es kalt wird, regen die tiefen Temperaturen ihr Wesen an. Aber es lag viel Neuschnee. Sie sank beinahe bis zum Bauch ein. Ich stapfte mit meinen Skiern mühsam eine Spur bis zum Wald. Das half Jabba ein wenig, besser vorwärtszukommen. – Wald? Ich war gestern nie durch einen Wald hochgestiegen. Wo waren wir? Ein Navigationsgerät hatte ich nicht eingepackt. Ich kannte den Weg gut. Seit Jahren war ich immer Ende Sommer für einige Wochen hier oben. In diesem wunderbaren Tal. Ich half Gian die Hütte für den Winter in Stand zu bringen. Wir spalteten Holz. Reparierten die eine oder andere undichte Stelle im Dach. Von den letzten Häusern beim Parkplatz bis zur Hütte war es eine Dreiviertelstunde zu Fuss.

Ich wollte auf meinem Handy nachschauen, wo ich war. Das Modell war jedoch in Kalifornien entwickelt worden. Dort, wo es warm ist. Die eisigen Temperaturen in meinem Rucksack hatten die Akkureserven bereits aufgefressen und das Display war tot. Ich klopfte mit dem Knöchel des Zeigefingers darauf. Anschliessend noch auf die Rückseite. Das macht der Mensch reflexartig immer dann, wenn etwas Elektronisches nicht funktioniert. Als ob es etwas im Innern bewirken würde. Als ob schlafende Elektronenmännchen geweckt werden müssten, um das Gerät wieder zum Laufen zu bringen. Ich glaube behaupten zu dürfen, dass emsiges Klopfen noch nie ein elektronisches Gerät wiederbelebt hat.

Wir waren ohne Orientierung. Wenn man auch auf der Piste normalerweise bei solchen Bedingungen noch die roten Markierungen am Pistenrand erkennen kann, war es abgesehen vom Wald, den wir meiden sollten, nur weiss.

Jabba hatte auch kein Ziel mehr in der Nase. Sie schlotterte und schaute mich aus traurigen Hundeaugen an. Ich hatte ein schlechtes Gewissen. Ich setzte mich unter eine der Lärchen. Wenn es Wald hatte, waren wir klar unter 2000 Metern. So viel wusste ich.

Jabba kuschelte sich an mich und ich wärmte ihre Pfoten mit meiner warmen Atemluft.

Ich wusste nicht mehr weiter. Ich fühlte mich plötzlich ganz leer und verzweifelt und glaubte wegzukippen. War ich schon so durchfroren? War ich kurz vor dem Erfrieren und die Wärme, die mich jetzt ergriff, war der Tod?

Dann hörte ich eine Glocke. Zwar leise, aber ganz nah.

Der Schlüssel

— 18. Dezember —

Teil 2

Wir sassen da unter der Lärche. Der Schnee hatte uns eingehüllt. Ich musste eingeschlafen sein, denn auf meinen Kleidern lag eine dünne Schneeschicht. Jabba leckte mich wach. Das Letzte, an das ich mich erinnerte, war das feine Glockenläuten. Ich musste es geträumt haben, dachte ich, stand auf, klopfte mir den Schnee von der Jacke und wollte weitergehen. Ich musste hinunter ins Tal und von dort nach Samedan ins Spital zu Gian. Ihm die kleine, geheimnisvolle Kiste bringen.

Ohne zu wissen wohin, ging ich los. Ich mit Skiern voraus, Jabba folgte mir in meiner Spur. Es schneite immer noch ununterbrochen. Da hörte ich die Glocke wieder. Ganz zart und fein. Es konnte keine Ziegenglocke sein. Ziegen haben um diese Jahreszeit hier oben nichts verloren, und eine Ziegenglocke klingt anders. Auch die Möglichkeit einer zahmen Gämse schloss ich aus. Zudem klang die Glocke beinahe ausserirdisch. Wie in einem Märchen. Ich folgte dem Ton. Immer wieder. Und mir fiel schnell auf, dass immer dann, wenn ich nach dem Weg suchend anhielt, die Glocke erklang. Immer in gleicher Entfernung zu Jabba und mir.

Ich fing an, an meinem Verstand zu zweifeln. War es die Höhe? Kaum. Denn um mich herum standen Bäume, und mein Höhenmessgerät zeigte 1789 Meter an.

Und Jabba hörte das Glöckchen scheinbar auch. Denn kaum erklang es, ging sie zielstrebig auf die Stelle zu, wo sie es vermutete.

Aber selbst sie kam immer zu spät – nicht zuletzt, weil sie durch den hohen Schnee gebremst wurde.

Ich hatte jedes Gefühl für Raum und Zeit verloren. Mein Kopf war leer. Etwas, was ich schon seit Jahrzehnten nicht mehr erlebt hatte, denn beim Einschlafen, beim Joggen, in Drehpausen: Immer denke ich an die nächsten Projekte, an all das, was es noch zu erledigen gibt. Ich hinke oft den Projekten hintennach. Doch jetzt war da nichts. Keine Verpflichtung. Einzig der Glocke folgen, das musste ich.

Ich war fünf Stunden so unterwegs durch das Schneegestöber und den kalten Engadiner Morgen. Die Kirchturmuhr in Pontresina zeigte zehn Uhr fünfunddreissig. Wir waren unten! Jabba und ich hatten es geschafft. Ich fragte mich nur, wie. Was war das für eine Glocke gewesen? Wer hatte uns hinab ins Tal geführt? Jabba lag nun auf dem Fussboden des Tea Rooms. Sie hatte eben ein zweites Frühstück gefressen. Ich wärmte mich an einer heissen Schokolade auf und ass dazu ein Stück Bündner Nusstorte.

Den Weg nach Samedan ins Spital zu Gian fand die Eisenbahn ohne Glockengeläut.

Gian lag alleine im Zimmer und hatte mich schon erwartet. Als ich nämlich ins Zimmer trat – Jabba musste unten warten –, begrüsste er mich mit geschlossenen Augen.

«Du hast das Kistchen gefunden», sagte er feierlich.

«Ja», antwortete ich leicht verunsichert. Was ging hier ab? «Entschuldige, es hat ein wenig länger gedauert. Ich habe…». Ich zögerte zuzugeben, dass ich mich verlaufen hatte.

Aber Gian beendete meinen Satz: «Du hast den Weg nicht mehr allein gefunden. Schon klar, bei diesem Wetter. Aber man zeigte dir ja den Weg.»

Ich legte meinen Rucksack ab und setzte mich auf den Stuhl neben Gians Bett.

«Du kennst die Glocke?», fragte ich.

«Man hat mir davon erzählt. Die Bergführer und die Bauern haben sie schon gehört. Ich selber noch nie.»

Ich öffnete den Rucksack, nahm das Kästchen heraus und gab es Gian.

«Öffne es. Es gehört dir», sagte er. Das Atmen fiel ihm schwer.

Das Kästchen war aus glattem Holz. Es sah aus wie ein Schächtelchen, das man beim Goldschmied bekommt, wenn man einen Ring kauft.

Ich öffnete es langsam. Das Kästchen war leer. Nichts.

«Nicht böse sein, mein lieber Freund!» Gian lächelte mich glücklich an. «Bevor ich von dieser Welt gehe, wollte ich einfach sicher sein, dass du mein Freund bist. Und das hast du bewiesen. Freunde sind Menschen, die für andere durchs Feuer gehen. Und ich kann jetzt auch gehen.»

Gian starb noch in derselben Nacht.

Woher die Glocke kam, habe ich bis heute nicht herausgefunden.

Übrigens: Eine solche oder ähnliche Geschichte habe ich nie erlebt. Aber ich wollte einfach einmal eine schöne weihnächtliche Geschichte schreiben.

Jabba für alle – alle wie Jabba

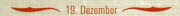
19. Dezember

Jabba ist ein einzigartiger Hund. Dies ist keine Behauptung, sondern entspricht der Tatsache. Denn Jabba ist eine Mischlingshündin, kein Zuchttier mit Stammbaum, zurückgehend auf Julius Cäsars Wuffi. Die Mischung ist ebenso einzigartig wie indischer Curry (eine Mischung aus einer Vielzahl von Gewürzen).
Doch erreichen mich seit Beginn unserer Pilgersendungen Briefe, Fotostrecken und Starschnitte in Körpergrösse aus hundehaltenden Zuschauerkreisen, in denen mit Nachdruck bekräftigt wird, der oder jener Hund sei mit unserer Jabba identisch. Gewiss sei Jabba auch vom Irgendwohof in Weissichnichtwo.
Beiliegend meist auch noch ein Beweisfoto. Doch in den allermeisten Fällen beschränkt sich die Gemeinsamkeit mit Jabba auf die Fellfarbe an der Schwanzspitze. Oder einfach darauf, dass das Tier auf dem mir zugesandten Foto ebenfalls ein Hund ist.

Doch eine Ausnahme gibt es. Jabba hat ein Ebenbild. Ich erschrak damals in Grindelwald, als der Walter Spring aufs Fernsehset von «SF bi de Lüt – Live» kam. An der Leine folgte ihm Seida. Sie sah tatsächlich aus wie Jabba. Und im Gespräch erfuhr ich, dass dieser arme Mann ein mühseliges Hundespaziererleben führen muss. Alles wegen uns. Ständig wird sein Hund auf der Strasse von wildfremden Menschen angequatscht, angefasst und fotografiert.

Dass Fernsehen dick und gross macht, weiss man seit Harry Wijnvoord. Ich werde auch oft mit Cécile Bähler verwechselt. Doch dass Fiona wie Jabba aussehen soll, versteht kein exakter Fernsehzuschauer.
Dies will auch Dani Keller nicht einsehen. Der Arme wird auf der Strasse ständig von wildfremden Menschen begrüsst. Er hat mir einen Brief geschrieben:
«(...) Bis zum Frühjahr 2008 verliefen unsere Ausflüge ohne spezielle Vorkommnisse, doch dann wurde ich im Appenzellerland von einem älteren Ehepaar das erste Mal angesprochen, das mir erklärte, dass mein Hund wie der aus dem Fernsehen aussehe. Da ich damals eher selten SF schaute, verstand ich zuerst nur Bahnhof. Also schaute ich am kommenden Freitag das erste Mal «Über Stock und Stein». Als ich Jabba sah, wunderte ich mich zwar sehr, weil sie schon ziemlich

anders ausschaut als meine Fiona. Aber vielleicht sieht jemand, der keinen Hund hat, Hunde eben etwas anders (...).»
So beschreibt Dani sein schweres Los, einen Jabba-Verschnitt zu Hause zu haben. Ich freue mich immer wieder von neuem über Fanpost. Ich habe schon eine kleine Galerie. Gleiches gilt für die Kinderzeichnungen. Und oft sehen die Farbstiftkritzeleien Jabba ähnlicher als jedes zugesandte Foto.

Dieser Hund ist nicht Jabba

Ein Geschenk

— 20. Dezember —

In vier Tagen ist Heiligabend. Dann verwandelt sich unser Wohnzimmer wieder in kürzester Zeit in ein Schlachtfeld. Es wird da Kinder geben, die die liebevoll eingepackten Geschenke ohne Rücksicht auf das Verpackungshandwerk von Verwandten in Rekordzeit dem Geschenkpapier entreissen. Es wird Mütter geben, die den Abend damit verbringen werden, die Geschenkbändel wieder aufzurollen, um sie im kommenden Jahr erneut zu verwenden. Grossväter werden im Hintergrund die Geschenkpapierreste, die wie Federn nach dem Besuch des Fuchses im Hühnerstall auf dem ganzen Fussboden verstreut liegen, in den bereitgestellten Abfallsack stopfen, die Kerzenstimmung wird bald durch das künstliche Licht ersetzt werden, weil sonst Grossmutti die Inhaltsstoffe auf der Rückseite der eben geschenkten Raumduftflasche nicht lesen kann, und ich werde mich über die Freude der von mir Beschenkten und die Erlebnisse im bald verflossenen Jahr freuen. Erinnerungen mag ich. Jabba wird von all dem im Körbchen nicht viel mitbekommen. Sie hat einen gesunden Schlaf.

Wie damals, als wir zwei auf der Bovalhütte Kopf an Kopf die Nacht verbrachten. Ich erinnere mich gerne. Jabba auf einer alten Militärwolldecke, ich wie gewohnt auf einer nackten Matratze und einem Kopfkissen, das einmal im Jahr gewaschen wurde, zugedeckt mit einer karierten Bettdecke. Wir waren beide zwar nach meinen Fernsehkollegen, aber vor dem Bergführertrio schlafen gegangen.

Es war die Nacht vor dem Aufstieg zum Piz Bernina. Die Hütte war offiziell noch gar nicht geöffnet, und so waren wir vier vom Fernsehen und unsere drei Bergführer die einzigen Gäste.

Die Bovalhütte hat Platz für 120 Berggänger, verteilt auf mehrere Schlafräume. Und wie in jeder Hütte gibt es ein separates Bergführerzimmer. Bergführer ist ein anstrengender Beruf. Wer sich Bergführer nennen darf, hat ein knallhartes Auswahlverfahren bestanden und trägt bei seiner Arbeit tagtäglich die Verantwortung für fremde Menschenleben. Es ist ein bewundernswerter Beruf, und Bergführer wurden in den vergangenen Jahren nicht selten zu guten Freunden von mir.

Ich hatte mich im Gemeinschaftsraum unten von meinen Bergführerfreunden verabschiedet, war die Treppe zu den Schlafräumen hochgestiegen und hatte mich im ersten Zimmer auf die bereits erwähnte nackte Matratze gelegt.

Roberto, der Hüttenwart hatte mir unten beim Abwasch gesagt, ich solle mich irgendwo hinlegen.

Ich weiss nicht mehr, ob ich durch das Aufschrecken von Jabba erwachte oder ob es das Licht der Stirnlampen der Bergführer war. Auf alle Fälle stellte ich mich zuerst noch schlafend, um die Situation in Ruhe zu begreifen. Die Bergführer, zu dritt, flüsterten aufgeregt miteinander. «Was? Da liegt schon einer?», sagte der eine. «Das gibts ja nicht!», zischte ein anderer erbost. «Das sind Nik und Jabba!», stellte der dritte fest.

Es dauerte einen Moment, bis ich die Sache unter Kontrolle hatte. Doch dann begriff ich: Ich hatte eine Todsünde begangen. Ich hatte mich mit Jabba im Bergführerzimmer hingelegt. Dem Heiligtum einer jeden Berghütte. Dem Raum, der ähnlich heilig ist wie der Bundesratsbunker, Roger Federers Schlafzimmer oder ein Lehrerzimmer.

Ich stand sofort auf. Jabba suchte Schutz an meinen haarigen, in Boxershorts steckenden Beinen, und ich versuchte den Schaden zu begrenzen, indem ich sogleich meine Siebensachen unter den Arm klemmte und andeutete, den Raum zu verlassen, um als selbst auferlegte Strafe im Treppenhaus zu übernachten.

Die Bergführer steckten kurz die Köpfe zusammen, tuschelten etwas, waren sich offensichtlich einig und informierten mich dahingehend, dass sie nun eine Ausnahme machen würden und Jabba und ich hier weiterschlafen sollten.

Ich war in der bald 90-jährigen Geschichte der Bovalhütte der erste Nicht-Bergführer, der im Bergführerzimmer übernachten «durfte». Was für ein Geschenk!

Frau Huber

21. Dezember

Dies ist die Geschichte einer alten Frau auf dem Weg zu neuen Freunden. Und sie beginnt in einem Wohnquartier mitten in einer Schweizer Kleinstadt. Hier wohnte Frau Huber im 5. Stock eines Wohnblocks zusammen mit ihren beiden erwachsenen Kindern. Frau Huber war Mitte achtzig. Die beiden Kinder waren das ganze Leben ohne eigene Familie geblieben und standen auch schon auf der Rückseite des Lebensberges. Der Doktor hatte Frau Huber geraten, täglich an die frische Luft zu gehen und die Nachmittage des Lebensabends nicht ausschliesslich mit Talkshows auf deutschen Privatsendern und Kreuzworträtseln zu verbringen.

Das Haus, in dem die Hubers wohnten, war gross. Es hatte drei Eingänge mit je zehn Wohnungen. Und es waren vor allem Paare, deren Kinder schon längst von zu Hause ausgezogen waren, die hier wohnten. Menschen, die sich mit dem Ersparten eine Wohnung im Zentrum erstanden hatten. Familien mit Kindern gab es nur wenige.

Doch zwei Hauseingänge neben Frau Huber lebte eine kleine Grossfamilie mit drei Buben und einem Hund. «Das ist meine Rettung», dachte Frau Huber. «Könnte ich deren Hund ausführen, hätte ich einen Grund, mich ein wenig zu bewegen und könnte so den ärztlichen Rat befolgen.»

Der Hund war auch nicht mehr der jüngste, er verlangte keine sportlichen Steckenwürfe mehr oder stundenlanges Rennen.

Die junge Familie und die alte Frau wurden sich schnell einig, und so kam es, dass der Hund, ein reinrassiges Mischlingsweibchen, jede Woche freitags Frau Huber bei den Besorgungen in die Stadt begleiten durfte. Die beiden wurden unzertrennliche Freundinnen. Frau Huber kochte jeweils ein ungesalzenes Pouletbrüstchen, es gab grundlos Hundekuchen und der Hund schien den Freitag kaum erwarten zu können. Niemanden begrüsste sie so energisch bellend, schwanzwedelnd und euphorisch wie Frau Huber. Und Frau Hubers Beine kamen in diesen Jahren wieder richtig gut in Schwung.

Wenn es das Wetter erlaubte, machten die beiden bald schon einen Ausflug auf den nahegelegenen Ausflugsberg oder eine Rundfahrt mit dem Schiff auf dem See. Der Hund hatte ein zweites Zuhause, und Frau Hubers Katze freundete sich sogar mit ihm an.

Doch dann zog die Familie weg. An einen anderen Ort, wo es mehr Platz gab als in der engen Stadtwohnung, wo die Kinder die Schule ganz in der Nähe hatten und es viele Nachbarn mit Kindern gab.

Frau Huber und der Hund waren beide traurig. Frau Hubers Beine wurden wieder müde, und der Hund vermisste die pausenlosen Liebkosungen und die Pouletbrüstchen.

Die Distanz zwischen den beiden wurde für die Freundinnen unerträglich.

So beschloss die alte Frau mit ihren erwachsenen Kindern, noch einmal umzuziehen. Ins Nachbardorf der jungen Familie.

Und heute geht Frau Huber wieder jede Woche einmal mit dem Hund Besorgungen machen, kocht Pouletbrüstchen und hat dank dem Hund viele neue Bekannte am neuen Ort kennengelernt, denn der Hund ist inzwischen richtig berühmt geworden: Die alte Hundedame ist Jabba.

Totenbeinchen

— 22. Dezember —

Es sind die besten Guetzli der Welt. Und wenn sie zwei Minuten zu lang im Backofen waren und leicht angeschwärzt daherkommen, sind sie noch besser. Da pfeife ich auf eine Krebswarnung. Soll einer zuerst einmal den Verbrennungsmotor verbieten, bevor er mir glauben machen will, ich würde wegen leicht angebrannter Guetzli früher sterben.

Mit ihren Totenbeinchen wickelt Carla Jahr für Jahr meinen Vater um den Finger. Zu Weihnachten kriegt er davon eine Büchse voll. Und weil er bereits Ende Januar Geburtstag feiern kann, gibt es jeweils noch einen «free Refill» dazu.

Ich freue mich Jahr für Jahr darauf, wenn der Duft von gerösteten Haselnüssen das ganze Haus eindampft.

Rezept

für 50 Stück
75g weiche Butter
150g Zucker oder Puderzucker
2 Eier
½ unbehandelte Zitrone, abgeriebene Schale
1 Prise Nelkenpulver
1TL Zimtpulver
1 Prise Salz
50g geriebene Haselnüsse
100g ganze Haselnüsse
100g ganze Mandeln
250g Weissmehl
½TL Backpulver

Glasur
1 Eiweiss, verquirlt

1 Ganze Haselnüsse und Mandeln auf einem Blech oder in einer Bratpfanne leicht rösten, auskühlen lassen. Nüsse zwischen den Handflächen reiben, um die Häutchen zu entfernen.
2 Die Butter luftig aufschlagen, bis sich Spitzchen bilden. Zucker und Eier beifügen, weiterschlagen, bis die Masse hell und luftig ist. Zitronenschale, Nelken- und Zimtpulver sowie Salz unterrühren. Mehl, geriebene und ganze Nüsse portionenweise zur Buttermasse geben, zu einem festen Teig kneten. Zugedeckt 30 Minuten kühl stellen.
3 Den Backofen auf 200°C vorheizen.
4 Den Teig auf Backpapier etwa 1cm dick zu einem Rechteck ausrollen, nochmals kühl stellen, mit einem heissen Messer in fingerdicke und fingerlange Stängelchen schneiden. Stängelchen auf ein mit Backpapier belegtes Blech legen und mit dem Eiweiss bepinseln.
5 Blech in der Mitte in den Backofen schieben und die Totenbeinchen bei 200°C 15 bis 20 Minuten backen. Auf einem Kuchengitter erkalten lassen.

Variante
Die noch heissen Totenbeinchen mit einem scharfen Messer längs halbieren, zur Hälfte in eine Schokoladenglasur tauchen.

Jabba ist weg!

— 23. Dezember —

Manchmal ist der Kopf mit hunderten von Gedanken beschäftigt. Das passiert mir regelmässig vor einer Sendung. Man kann das am ehesten mit den Minuten vor einer wichtigen Prüfung vergleichen. Habe ich alles auswendig gelernt? Fallen mir im richtigen Moment auch wirklich die richtigen Worte ein? Kenne ich alle Namen meiner Gäste?

Dabei kommt es immer wieder vor, dass ich dann ganz banale Dinge vergesse. Zum Bespiel verlege ich in solchen Momenten gerne mein Natel, das Portemonnaie deponiere ich, um es nicht wieder zu finden, im Kühlschrank, oder meine Hausschlüssel landen bei den Socken im Schrank. Wahrscheinlich sollte ich diese Stresssymptome einmal mit einem Therapeuten anschauen, doch habe ich bis heute immer wieder alle Gegenstände gefunden.

Auch Jabba habe ich mal verloren.

Es war vor ein paar Jahren in der letzten Adventswoche. Die Stadt Zug strahlte in ihrer vollen Pracht. Vom Postplatz die Neugasse hoch bis zum Casino verzauberten tausende von Hand bemalte, farbige Glühbirnen die Einkaufsstrasse. Aus meinen Ohrstöpseln ertönte dazu Kammermusik von Johann Sebastian Bach. Das mache ich oft. Während andere den Körper im Pilatestraining verbiegen oder sich den Beckenboden aquarellieren, höre ich im grössten Trubel gestresster Mitmenschen (ich inklusive) Barockmusik zur Entspannung.

Ich stand im Bus. Er war mit Weihnachtsshoppern und ihren grossen Plastiktüten voller Geschenke überfüllt. Ich wollte noch meine Eltern besuchen. Zusammen mit Jabba.

Die Bustüren öffneten sich und ich wollte aussteigen. Ich pfiff meinen kurzen Jabba-Pfiff, rief ihr unauffällig, doch von meinem Hund fehlte jede Spur. Mein Rufen wurde lauter und ich bat einen anderen Passagier, eine junge Frau ohne grosses Gepäck, die Türe zu blockieren, damit der Bus nicht weiterfahren konnte. Ich quetschte mich durch den vollbesetzten Linienbus. Ich suchte zwischen all den Beinen nach einer weissen Hundeschwanzspitze, nach einem braunen Stück Fell.

Im vorderen Busteil war kein Hund. Ich rief mich nach hinten durch: »Liegt, steht, sitzt hier irgendwo ein Hund?«. Die Antwort auf meine Frage war ein grosses Meer an leeren Vorweihnachtsgesichtern.

Jabba war nicht mehr im Bus! Ich eilte auf das Trottoir hinaus. Es dämmerte schon, es war kurz vor 17 Uhr. Die Kopfhörer hatte ich längst von den Ohren genommen. Wo war mein Hund? Ich befürchtete das Schlimmste. Ich versuchte nicht daran zu denken, dass Jabba etwas zugestossen sein könnte, und begann damit, die Busfahrt zu rekapitulieren: «Ich bin beim Bahnhof eingestiegen. Mit Jabba.» Das wusste ich noch ganz genau, denn wir waren beide von Passanten erkannt und angesprochen worden. «Nein, dieser Hund sieht nicht nur aus wie Jabba, es ist Jabba», hatte ich wie so oft zur Antwort gegeben.
Dann war da noch die Haltestelle Bundesplatz. Und schliesslich der dritte und letzte Halt bei der Post.
Wenn Jabba den Bus verlassen hatte, dann musste es am Bundesplatz gewesen sein.
Ich rannte so schnell wie zu meinen besten Zeiten, als ich noch keine 20 war, dahin zurück, von wo ich gekommen war. Ich trug eine dicke Winterjacke und flache Winterstiefel.
Drei Minuten später lief ich mit weit geöffnetem, panikerfülltem Blick, den Kopf suchend hin- und herwerfend, über den Bundesplatz.
Wie der Wasserlauf eines renaturierten Flusses strömten Menschen von allen Seiten über den Platz, kamen mit letzten Weihnachtseinkäufen aus den Läden, verschwanden auf der Suche nach einem bestimmten Spielzeug ins nächste Warenhaus, liessen sich im Fotofachgeschäft beraten, um die Kamera schliesslich übers Internet günstiger zu bestellen – kurz: Es war schwierig, in diesem Gewühl einen Hund zu finden.
Ich rannte zur Bushaltestelle. Und da lag sie. Jabba. Sie freute sich, mich wiederzusehen. Ohne schlechtes Gewissen, einfach ausgestiegen zu sein. Warum auch? Hunde leben stets in der Gegenwart, machen keine Pläne für die Zukunft, und Stress ist für sie ein Fremdwort. Man kann was lernen von diesen Hunden!

Jabbas Letzte

24. Dezember

Auf diesem Adventskalenderblatt verrate ich eine Geschichte, die eigentlich erst für mein nächstes «Über Stock und Stein»-Buch geplant gewesen ist.

Aber in den Tagen vor Weihnachten soll man ja auch einmal spontan vom alltäglichen Trott wegkommen und einfach so etwas schenken. Ich tu das heute mit der Geschichte von Jabbas letzter Tour.

Es war Mitte Juni 2011. Die Wetterprognose hatte für die ganze Woche immer wieder Störungen vorausgesagt. Wir planten, in dieser letzten Etappe der vierten Staffel von «Über Stock und Stein» den Piz Linard in Angriff zu nehmen. Geplant war im Voraus eine Wanderung über die herrliche Seenplatte von Macun.

Wir trafen uns am Sonntagabend in Lavin, einem kleinen Dorf im Unterengadin. Der Autoverlad, der Reisende durch den Vereinatunnel schneller ins Unterland und umgekehrt bringt, liegt ganz in der Nähe.

Am Montagmorgen drehten wir wie geplant die Anfangsszenen in Zernez. Die Sonne schien noch, und wir tranken den Frühstückskaffee auf der Terrasse der Bäckerei. Die Wettervorhersage für Dienstag war ganz passabel, doch gegen Ende der Woche sollte es nur noch schlechter werden. Wenn wir also diese Woche auf den Gipfel, den Piz Linard, klettern wollten, mussten wir unser Programm umstellen. Für heute waren eigentlich die Macunseen vorgesehen. Eine sechs Stunden lange Wanderung durch einen Teil des Schweizer Nationalparks mit einem Parkwächter hätte es geben sollen. Doch dazu kam es nicht. Wir entschieden uns, noch am selben Abend zur Linardhütte hochzusteigen, um am nächsten Tag den Gipfel besteigen zu können.

Mein Produzent hatte von diesem Moment an alle Hände voll zu tun. Er bestellte Helikopterflüge, organisierte die Helikamera, musste die Bergführer umdisponieren und dafür sorgen, dass wir in der Linardhütte etwas zu essen und zu trinken bekommen und Bettwäsche haben.

Noch am selben Abend, es hatte inzwischen stark zu regnen begonnen, stiegen wir zur Hütte hoch. Zum Glück war es nur eine kleine Gewitterfront, hinter der es bald wieder sonnig wurde. Jabba kam mit. Wie ein junges Reh stieg sie den steilen Weg zur Hütte hoch. So wie sie es in den vergangenen vier Jahren immer getan hatte. Was sie nie mochte, waren Städte, Strassenverkehr, heisser Asphalt und laute Menschenansammlungen. In den Bergen jedoch – und am liebsten im

Schnee – fühlte sich Jabba wohl. Trotz ihres Alters führte sie oft unsere Wandergruppe an, wartete immer wieder, bis alle da waren, oder jagte Murmeltiere zurück in ihre Löcher.

Sie war als Erste bei der Linardhütte und wurde stürmisch vom Hüttenhund, einem Border Collie, begrüsst. Border Collies sind verspielte Hütehunde. Normalerweise treiben sie in Schottland Schafe zusammen. Wenn keine vorhanden sind, jagen sie stundenlang einem Ball hinterher.

Jabba schaute dem Spiel nur kurz misstrauisch zu, entspannte sich dann aber sogleich auf dem Fussboden der mit Holz geheizten Küche. Hyperaktive Hunde sind ihr eher suspekt.

Und das war ihr letzter Einsatz bei «Über Stock und Stein». Am nächsten Morgen musste sie noch schnell für ein paar Filmsekunden den traurigen Hundeblick in die Kamera werfen für die Abschiedsszene. Das wars dann.

Und jetzt schicken wir Jabba in Pension. Sie hat es verdient und meine Buben freuen sich darauf, Jabba auch wieder mal zu Hause zu haben.

Und so liegt sie jetzt bei uns neben dem Tannenbaum in ihrem Körbchen, das ich vor bald 13 Jahren gekauft habe, als ich wegen eines Dalmatiners ins Tierheim fuhr. Ich glaube, Jabba geniesst den Duft ihrer vertrauten Umgebung.

Frohe Weihnachten!

Biografie

Nik Hartmann ist ein echter Zuger. Nach ein paar Semestern Jusstudium wurde er Radiomoderator bei Radio24. Seit 1999 ist er einer der Charakter-Moderatoren bei Radio DRS 3 und er entdeckt für die TV-Sendung «SF bi de Lüt» seit 2007 die Schweiz, unter anderem in der Sendung «Über Stock und Stein». Er lebt mit Jabba, Carla und den drei Kindern am Zugersee.

Jabba wurde am Fusse des Gubels nahe Menzingen 1999 geworfen. Vater unbekannt – mit grosser Wahrscheinlichkeit ein reudiger Berner Sennenhund. Die Mutter eine lautstarke, kleine Appenzellerin. Die braune Mischlingshündin wandert gern, mag Wurst und Knochen genauso gern wie Äpfel und Sellerie und passt mit ihrer Fellfarbe bestens zu jedem Parkettboden. Jabba ist Single und lebt seit 12 Jahren bei Nik und seiner Familie.